Copyright © 2011 Disney/Pixar.
Pacer und Grimmlin sind Warenzeichen von Chrysler LLC; Jeep® und Jeep® Grille Design sind eingetragene Warenzeichen der DaimlerChrysler AG; Maserati ist ein Warenzeichen von Maserati S.p.A.; Mercury und Mondeo sind eingetragene Warenzeichen der Ford Motor Company; Porsche ist ein Warenzeichen der Porsche AG; Sarges Dienstgradabzeichen mit freundlicher Genehmigung der U.S. Army; Warenzeichen, Designpatente und Urheberrechte der Volkswagen AG mit freundlicher Genehmigung der Volkswagen AG; Bentley ist ein Warenzeichen von Bentley Motors Limited; Fiat und Topolino sind Warenzeichen der Fiat S.p.A.; Corvette ist ein Warenzeichen von General Motors; El Dorado ist ein Warenzeichen von General Motors; inspiriert durch die Installation Cadillac Ranch von Ant Farm (Lord, Michels und Marquez) © 1974.

Alle Rechte vorbehalten. Die vollständige oder auszugsweise Speicherung, Vervielfältigung oder Übertragung dieses Werkes, ob elektronisch, mechanisch, durch Fotokopie oder Aufzeichnung, ist ohne vorherige Genehmigung des Rechteinhabers urheberrechtlich untersagt.

Die deutsche Ausgabe erscheint bei:
Parragon Books Ltd
Queen Street House
4 Queen Street
Bath BA1 1HE, UK

Realisation der deutschen Ausgabe: trans texas publishing, Köln
Übersetzung: Andreas Menkel

ISBN 978-1-4454-6406-0
Printed in China

Bearbeitet von Lisa Marsoli

Illustriert von Caroline LaVelle Egan, Scott Tilley,
Andrew Phillipson und Seung Beom Kim

Der britische Geheimagent Finn McMissile hatte von seinem Agenten-Kollegen einen Notruf erhalten. Nun war er auf einem Schnellboot unterwegs zu einer Bohrinsel mitten im Ozean.

Als er die Bohrinsel erreicht hatte, erklomm Finn die Plattform mithilfe seiner Haken und magnetischen Räder.

Finn versteckte sich oben im Bohrturm. Von dort konnte er Professor Z beobachten, einen gesuchten Verbrecher. Neben dem Professor und seiner Bande lag eine ungewöhnliche Fernsehkamera. Dann erkannte Finn seinen Agenten-Kollegen. Er war zu einem Block Altmetall zusammengepresst worden.

Plötzlich bemerkte Professor Z, dass Finn ihn belauschte. Der Professor schickte seine Jungs los, um Finn zu fangen. Als sie ihn umzingelten, sprang Finn von der Plattform, verwandelte sich in ein U-Boot – und entkam.

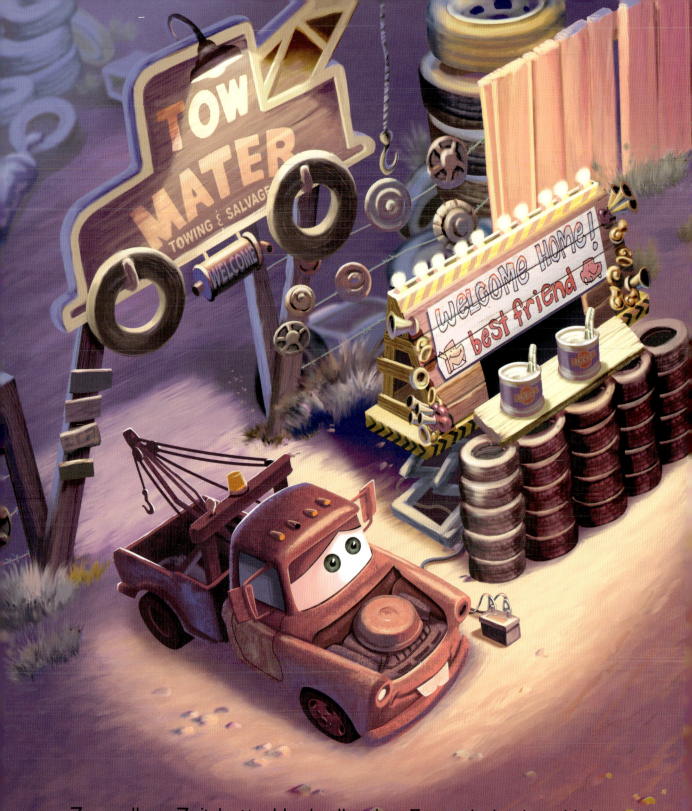

Zur selben Zeit hatte Hook all seine Freunde in dem kleinen Städtchen Radiator Springs zusammengerufen. Gemeinsam wollten sie Lightning McQueen begrüßen, der gerade den Hudson Hornet Memorial Piston Cup gewonnen hatte.
Als Lightning McQueen endlich eintraf, war Hook überglücklich, seinen Freund wiederzusehen.

Am Abend gingen alle ins Restaurant Wheel Well. Im Fernsehen lief eine Motorsport-Show. Dort prahlte der eitle italienische Rennwagen Francesco Bernoulli damit, schneller als Lightning McQueen zu sein. Lightning McQueen war bereit, gegen Francesco im World Grand Prix anzutreten. Dieser Wettbewerb, der aus drei Rennen bestand, wurde vom reichen Öl-Magnaten Sir Miles Axlerod veranstaltet.

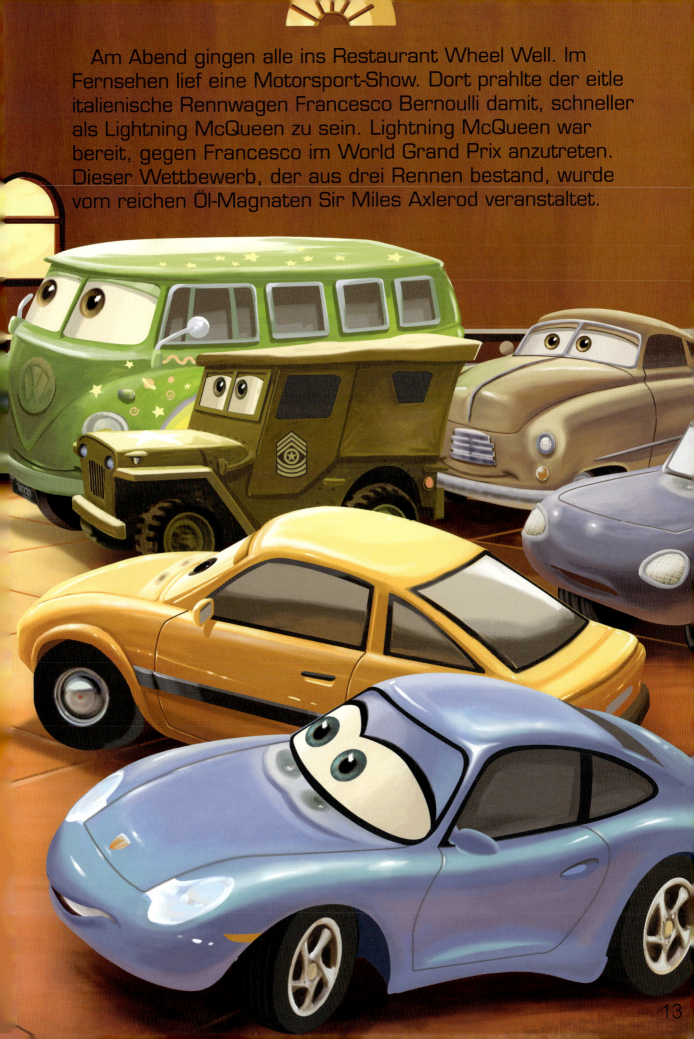

Hook, Luigi, Guido, Bully und Sarge stimmten zu, Lightning McQueen zu unterstützen. Bald machte sich das „Team Lightning McQueen" auf den Weg zum ersten World Grand Prix in Japan.

Lightning McQueen und seine Freunde unternahmen eine spannende Stadtbesichtigung durch Tokio. Sie staunten über Wolkenkratzer, Neonlichter, Kabuki-Theater und Hightechspielzeuge.

Danach gab es eine ausgelassene Begrüßungsparty. Auch Finn McMissile und Holley Shiftwell, eine weitere britische Agentin, waren auf der Feier. Sie wollten sich dort mit einem amerikanischen Agenten treffen, der streng geheime Informationen für sie hatte.

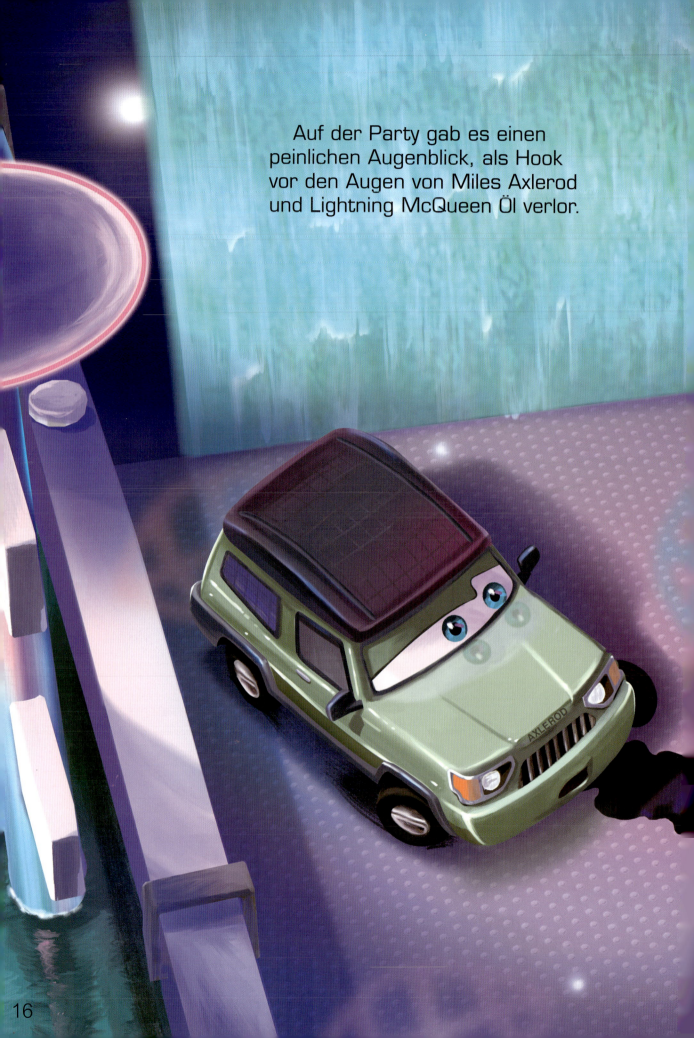

Auf der Party gab es einen peinlichen Augenblick, als Hook vor den Augen von Miles Axlerod und Lightning McQueen Öl verlor.

Lightning McQueen schickte Hook in den Waschraum, damit er sich dort sauber machte. Hier hatten Grimm und Acer, Professor Z's Komplizen, den amerikanischen Agenten Rod „Torque" Redline in die Enge getrieben. Als Hook aus seiner Kabine kam, heftete ihm der amerikanische Agent heimlich ein Gerät an, das für die britischen Agenten bestimmt war.

Als Professor Z Torque später verhörte, erfuhr er, dass Hook das Gerät erhalten hatte. Er schickte Grimm und Acer los. Sie sollten Hook finden und ihm das Gerät wieder abnehmen.

Als das Rennen begann, sahen auch Finn und Holley zu. Alle Rennwagen wurden mit einem Benzinersatz namens Allinol betankt. Der Veranstalter, Miles Axlerod, wollte mit dem World Grand Prix Werbung für seinen neuen Kraftstoff machen.

Von einem Hochhaus aus richteten Grimm und Acer Professor Z's Kamera auf einen der Rennwagen. Die Kamera schickte einen Strahl aus, der das Allinol erhitzte und zur Explosion brachte.

Anschließend versuchte Acer, Hook zu schnappen, doch Holley konnte ihn in Sicherheit bringen.
 Gern folgte Hook Holleys Anweisungen – er dachte, er hätte ein Rendezvous mit ihr.
 Grimm und Acer kamen Hook immer näher. Da aber sprang Finn dazwischen und wehrte die beiden Prügelknaben ab. Hook staunte: Eine so perfekte Karate-Vorführung hatte er noch nie gesehen.

Auf der Rennstrecke überquerte Francesco Bernoulli als Erster die Ziellinie. Lightning McQueen war wütend auf Hook, weil dieser ihm schlechte Ratschläge gegeben hatte. Dadurch habe er das Rennen verloren.

Auf der Pressekonferenz bedrängten die Reporter Miles Axlerod mit der Frage, ob der neue Treibstoff zu den vielen Motorausfällen geführt habe. Miles wies dies zurück.

Hook war inzwischen in die Box zurückgekehrt. Er versuchte Lightning McQueen zu erklären, was sich eben ereignet hatte. Aber Lightning McQueen glaubte ihm nicht. Er war wegen des verlorenen Rennens immer noch zornig auf Hook.

Hook fühlte sich miserabel. Er schrieb eine Abschiedsnachricht an Lightning McQueen und machte sich auf den Weg zum Flughafen. Dort erwartete ihn bereits Finn, der sich als Wachmann verkleidet hatte. Finn glaubte immer noch, dass Hook ein Geheimagent sei.

Auf dem Flughafen tauchten auch Grimm und Acer wieder auf und versuchten, Hook zu fangen. Holley kam Hook und Finn zu Hilfe und führte sie zu einem Spionageflugzeug namens Siddeley.

Lightning McQueen fand in seinem Hotelzimmer Hooks Abschiedsnachricht. Lightning McQueen hatte nicht gewollt, dass Hook ihn verließ. Aber nun brauchte er sich wenigstens nicht mehr um Hook zu kümmern.

Hook half Finn und Holley. Gemeinsam betrachteten sie ein holografisches Bild, das auf dem Gerät gespeichert war, das Hook von Torque erhalten hatte. Hook meinte, das Bild zeige einen schlecht montierten, Benzin saufenden Motor, in den man einige teure Extrateile eingebaut hatte. Aber er wusste nicht, wessen Motor es war.

Finn, Holley und Hook flogen nach Paris. Finn hoffte, dass der Schwarzmarkthändler Tomber ihnen verraten könnte, wem der Motor auf dem Bild gehöre.

Hook erklärte, dass der Motor einer „Gurke" gehöre, also einem Auto, das nicht richtig funktionierte. Gremlins, Pacers, Hugos und Trunkovs waren alle Gurken. Tomber erzählte, dass in Porto Corsa, wo das nächste Rennen stattfand, auch ein Treffen der Gurken geplant sei.

Vor dem Rennen in Italien besuchten Lightning McQueen und sein Team den Heimatort von Luigi und Guido. Die ganze Stadt begrüßte sie.

Unterdessen verkleidete Holley Hook als Abschleppwagen der Gurken, sodass er unauffällig am Treffen teilnehmen konnte. Sie gab ihm auch ein paar coole Spionagegeräte.

Am Tag vor dem Rennen in Porto Corsa erzählte Lightning McQueen Francesco, dass er Hook sehr vermisse. Lightning McQueen ahnte nicht, dass Hook ganz in seiner Nähe war. Dank seiner Tarnung konnte Hook am Treffen der Gurken im Casino teilnehmen. Holley und Finn, die vor der Tür warteten, konnten mithilfe der Spionagegeräte alles mithören.

Professor Z kündigte den Big Boss an. Aber er kam nicht selbst, nur sein Motor war auf der Leinwand sichtbar. Es war derselbe Motor, der auf Torques Foto zu sehen war.
Der Big Boss sagte, dass alle Autos wieder Benzin benutzen würden, sobald Allinol als gefährlich gelte. Dann würden die Gurken, die die Ölvorräte kontrollierten, reich und mächtig werden.

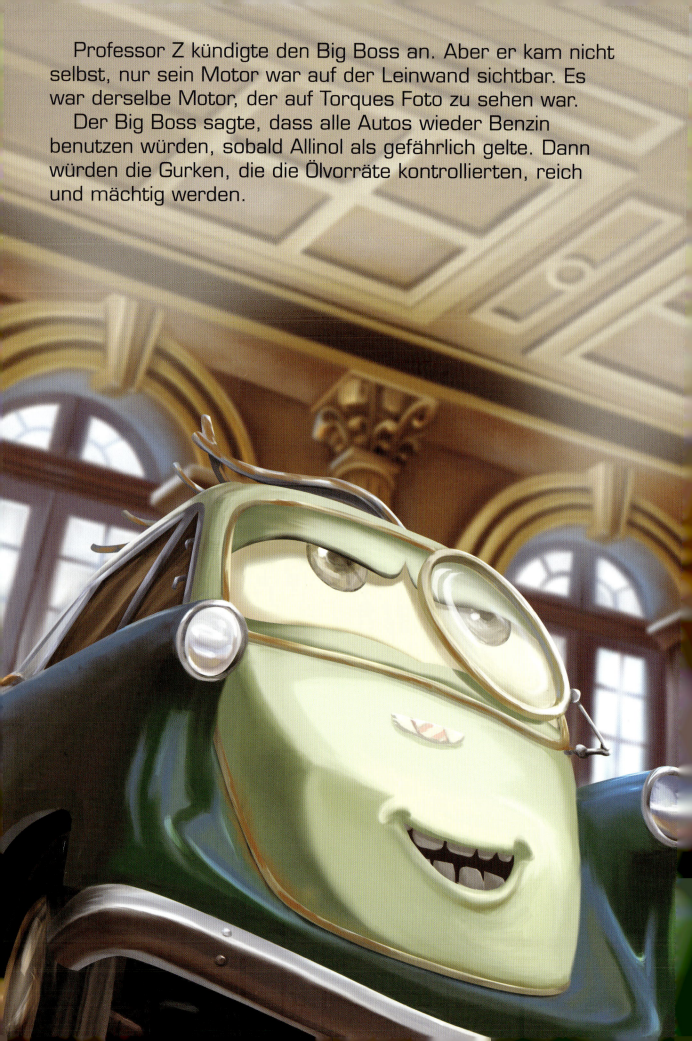

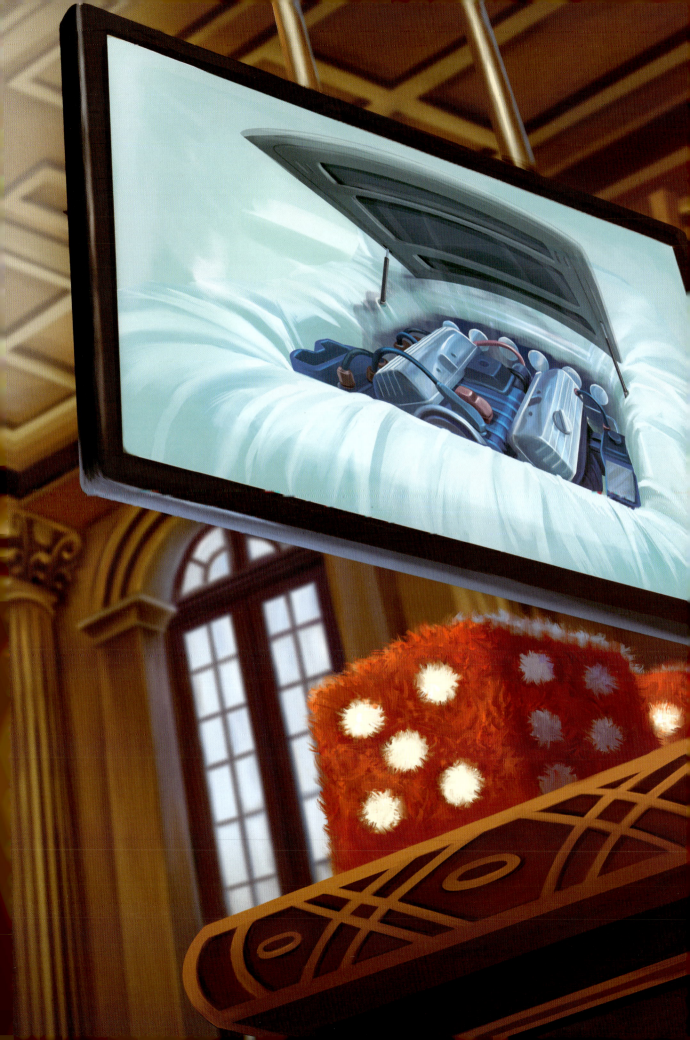

Während der Big Boss sprach, richteten Grimm und Acer ihre Kamera auf den brasilianischen Rennwagen Carla Veloso.

Finn raste den Turm hinauf, um Grimm und Acer zu stoppen. Als er versuchte, auf das Dach zu springen, wurde er von einem Hubschrauber mit einem riesigen Magneten geschnappt.

Grimm und Acer richteten die Kamera auf weitere Autos. Ihr nächstes Opfer war Shu Todoroki aus Japan. Sein Motor explodierte!

Auf der Strecke raste Lightning McQueen als Erster auf die Ziellinie zu.

Für die vielen Motorausfälle im Rennen wurde Allinol die Schuld gegeben. Aber Lightning McQueen beharrte darauf, auch im letzten Rennen Allinol zu verwenden.

Als der Big Boss das hörte, befahl er, Lightning McQueen zu zerstören.

Hook versuchte, sich unauffällig zu entfernen, doch da flog seine Tarnung auf. Er rettete sich mit seiner Agentenausstattung.

Doch bevor Hook Lightning McQueen warnen konnte, wurde er von den Gurken weggezerrt. Als er wieder zu sich kam, sah Hook, dass Finn und Holley in den Zahnrädern eines riesigen Uhrwerks gefangen waren. Sie befanden sich im Turm von Big Bentley in London. In dieser Stadt sollte auch das letzte Rennen stattfinden.

Grimm und Acer erzählten Hook, dass sie eine Bombe in Lightning McQueens Box gelegt hätten.

Als Grimm und Acer fort waren, gelang es Hook, sich zu befreien.

Auch Finn und Holley konnten sich aus ihren Fesseln befreien. Sie merkten, dass die Gurken Hook absichtlich hatten entkommen lassen. Sie hatten nämlich Hook mit der Bombe versehen – und er war direkt unterwegs zu Lightning McQueen! Holley entfaltete ihre Flügel und flog durch das Zifferblatt.

Als Hook die Boxengasse erreichte, funkte Holley ihn an. Sie sagte ihm, dass er die Bombe bei sich trage.

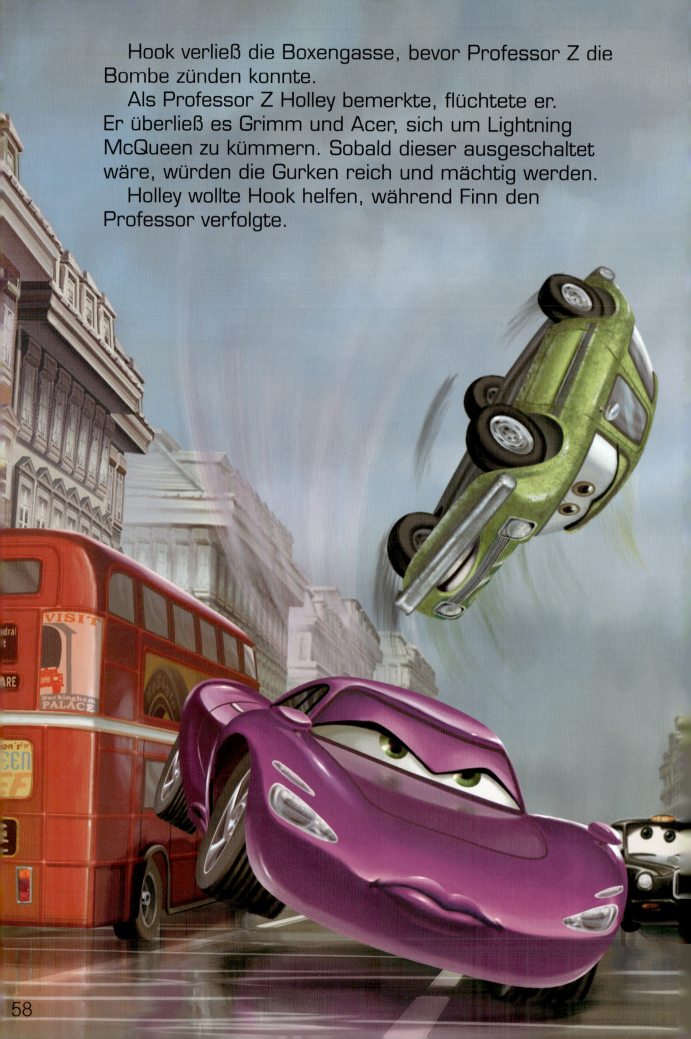

Hook verließ die Boxengasse, bevor Professor Z die Bombe zünden konnte.

Als Professor Z Holley bemerkte, flüchtete er. Er überließ es Grimm und Acer, sich um Lightning McQueen zu kümmern. Sobald dieser ausgeschaltet wäre, würden die Gurken reich und mächtig werden.

Holley wollte Hook helfen, während Finn den Professor verfolgte.

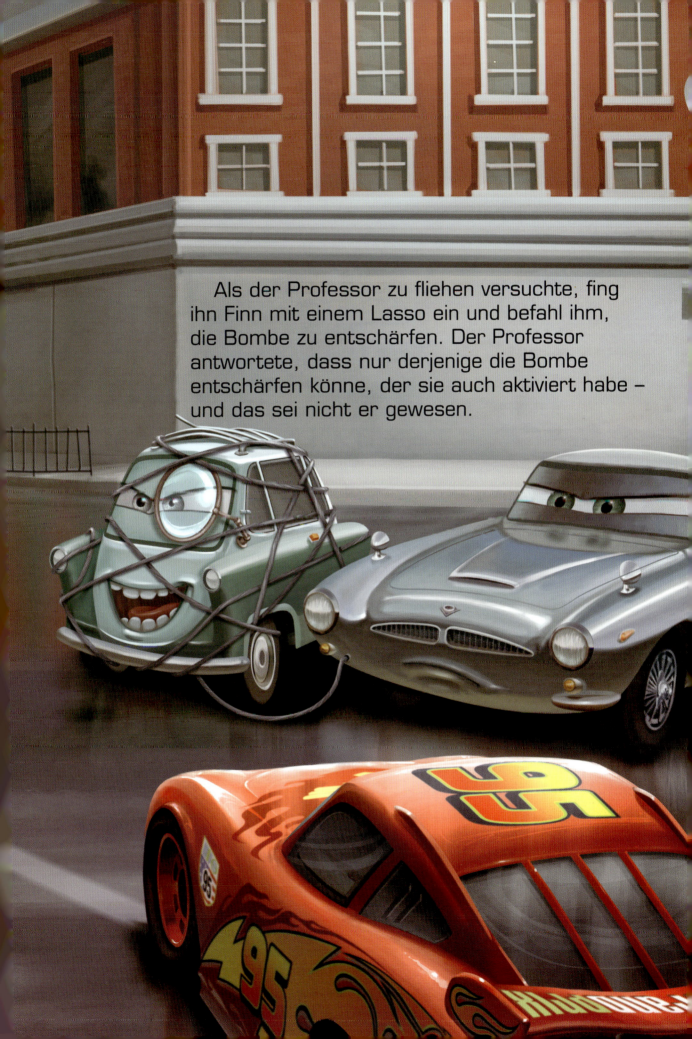

Als der Professor zu fliehen versuchte, fing ihn Finn mit einem Lasso ein und befahl ihm, die Bombe zu entschärfen. Der Professor antwortete, dass nur derjenige die Bombe entschärfen könne, der sie auch aktiviert habe – und das sei nicht er gewesen.

Plötzlich erschienen die anderen Gurken, um den Professor zu befreien. Doch schon waren die anderen Autos aus Radiator Springs zur Stelle und besiegten die Gurken.

Auf einmal wurde Hook klar, wer der Big Boss wirklich war. Er flog mit Lightning McQueen zum Buckingham Palace.

Als sie dort landeten, forderten Finn und die Wachen Hook auf, wegen der Bombe Abstand zur Königin zu halten.

Hook erklärte, dass der Motor auf dem Bild Miles Axlerod gehöre. Axlerod war der Big Boss und die größte Gurke von allen.

Hook sagte, dass Axlerod Allinol absichtlich gefährlich wirken ließe. Dadurch würde niemand mehr Ersatzbenzin verwenden, sondern wieder normales Benzin, und die Gurken würden reich werden.

Axlerod saß in der Falle, er musste die Bombe deaktivieren.

Hook war der Held des Tages. Und nicmand war so stolz auf ihn wie Lightning McQueen.

Die Queen schlug Hook wegen seines Mutes zum Ritter.

Bald darauf waren Hook, Lightning McQueen und all ihre Freunde wieder zu Hause. Hier fand der Radiator Springs Grand Prix statt.

Auch Finn und Holley sahen zu.

Sie wollten Hook auf eine neue Spionagemission schicken, aber er lehnte höflich ab. Er gehörte nach Radiator Springs, zusammen mit seinem besten Freund, Lightning McQueen.

Hook zündete seine Agentenraketen ein letztes Mal und düste auf die Rennstrecke. Gemeinsam ließen Lightning McQueen und Hook alle anderen hinter sich.